BOEKANALYSE

Dom Juan

· · · · · · · · · · · · · · · · · ·

Molière

BOEKANALYSE

Geschreven door Lucile Lhoste
Vertaald door Nikki Claes

Dom Juan

MOLIÈRE

MOLIÈRE   5
Frans toneelschrijver, acteur en toneelmeester   5

DOM JUAN   6
Dom Juan of de gestrafte libertijn   6

SAMENVATTING   7
Akte I   7
Acte II   8
Akte III   9
Akte IV   10
Akte V   12

KARAKTERSTUDIE   14
Dom Juan   14
Sganarelle   15
Elvira   16

ANALYSE   18
De meester en de bediende   18
De complexiteit van de meester en de eenvoud
van de bediende...   19
Dom Juan – een andere Tartuffe?   21
Hypocrisie, een bevoorrechte ondeugd   22
De arrestatie van de bedrieger en de goddelijke bestraffing van de liber-
tijn   24
Kenmerken van de barok   25
Dom Juan, een barok personage?   27
De mythe van Don Juan   28
Molière's Dom Juan   29
Evolutie van het personage   30

VERDERE REFLECTIE   32
Enkele vragen om over na te denken...   32

VERDER LEZEN   34
Referentie-uitgave   34

MOLIÈRE

FRANS TONEELSCHRIJVER, ACTEUR EN TONEELMEESTER

- **Geboren in Parijs in 1622**
- **Stierf daar in 1673**
- **Opmerkelijke werken:**
  - *Dom Juan* (1665), komedie
  - *The Miser* (1668), komedie
  - *The Bourgeois Gentleman* (1670), comédie-ballet

Molière (zijn echte naam was Jean-Baptiste Poquelin) werd in 1622 in Parijs geboren in de gegoede burgerij. Al vroeg besloot hij een carrière in het theater na te streven en richtte samen met actrice Madeleine Béjart het gezelschap Illustre Théâtre op. Na twaalf jaar theaterreizen in de provincies keerde hij terug naar Parijs, waar hij werd opgemerkt door Lodewijk XIV, die hem in dienst nam.

Hij schreef voornamelijk komedies waarin hij, onder het mom van humor, de gebreken van zijn tijdgenoten belichtte (kieskeurigheid, pedanterie, gierigheid, enz.) en kritiek leverde op de 17e-eeuwse maatschappij (autoritaire vaders, religieuze hypocrisie, kwakzalverijen, enz.) Zijn vele toneelstukken zijn nog steeds invloedrijk, waardoor Molière een van de belangrijkste auteurs van de klassieke eeuw is.

Hij stierf in Parijs in 1673.

DOM JUAN

DOM JUAN OF DE GESTRAFTE LIBERTIJN

- **Genre:** theater (komedie)
- **Referentie-uitgave:** Molière (2006) *Dom Juan.* Parijs: Éditions Larousse.
- **Eerste uitgave:** 1665
- **Thema's:** verleiding, losbandigheid, hypocrisie, religie, barok

Dom Juan werd voor het eerst opgevoerd in 1665. Het stuk was de eerste vijftien voorstellingen een groot succes, totdat Molière werd beschuldigd van onbeschaamdheid en van het opzettelijk kiezen van Sganarelle – de tegenspeler van Dom Juan – als een slechte verdediger van de religie.

Deze tragikomedie, ontleend aan de Spaanse komedie en het Italiaanse theater, vermengt genres en houdt zich niet aan de regel van de drie eenheden. Het stuk werd nooit gepubliceerd tijdens het leven van de auteur, maar werd in de eeuwen daarna herontdekt, en de "grote heer wordt een slecht mens" die Molière veroordeelde werd een fascinerende mythe.

SAMENVATTING

AKTE I

Scène 1

Gusman, de ruiter van Dona Elvira, komt Sganarelle, een bediende, vragen naar de reden van het overhaaste vertrek van hun meester Dom Juan, terwijl hij net de jonge vrouw uit haar klooster heeft gehaald om met haar te trouwen. Sganarelle antwoordt dat "een huwelijk hem niets kost om te sluiten" en dat "een groot heer die een slecht mens wordt een verschrikkelijk iets is".

Scène 2

Dom Juan arriveert en Sganarelle waarschuwt hem voor de aanwezigheid van Dona Elvira. Dom Juan vertelt hem dat "een ander object Elvira uit [mijn] gedachten heeft verdreven" en rechtvaardigt zijn inconsequentie: volgens hem "bestaat al het plezier van de liefde in verandering".

Scène 3

Aan Elvira, die onmiddellijk beseft dat Dom Juan niet meer van haar houdt, geeft hij een religieuze scrupule als verklaring: "Ik geloofde dat ons huwelijk slechts vermomd overspel was." De religieuze hypocriet maakt zijn eerste verschijning in Dom Juan's karakter, wat Elvira's woede oproept.

ACTE II

Scène 1

Pierrot, een boer, vertelt Charlotte, een boerenmeisje, hoe hij een meester en zijn bediende van de verdrinkingsdood heeft gered. Hij beschrijft het uitbundige kostuum van de heer. Dan herinnert hij Charlotte eraan dat ze gaan trouwen.

Scène 2

De meester en zijn bediende die Pierrot noemt zijn niemand minder dan Dom Juan en Sganarelle. Dom Juan faalt in zijn pogingen om de jonge vrouw die hij in gedachten had te verleiden, maar dit object van verlangen wordt snel vervangen door een ander: een boerenmeisje, Charlotte, die hem verleidt en aan wie hij een huwelijk aanbiedt.

Scène 3

Pierrot komt het toneel op en uit zijn jaloezie. In plaats van zich te verontschuldigen, geeft de grote heer de boer een klap.

Scène 4

Mathurine arriveert, een vrouw aan wie Dom Juan eerst een huwelijk beloofde. Dom Juan speelt een dubbel spel en belooft eerst het huwelijk aan de ene, dan aan de andere, in privé gesprekken. Sganarelle waarschuwt de boerenmeisjes: "Mijn meester is een schurk [...] hij is de bruidegom van de hele mensheid".

Scène 5

Zijn zwaardvechter waarschuwt Dom Juan dat twaalf mannen te paard hem zoeken. Dom Juan vraagt Sganarelle om met hem van kleren te wisselen zodat hij aan zijn achtervolgers kan ontsnappen.

AKTE III

Scène 1

Om niet gedood te worden in plaats van Dom Juan, stelt Sganarelle een andere vermomming voor aan zijn meester: Dom Juan in boerenkleren, Sganarelle als dokter. Sganarelle ondervraagt zijn meester over zijn overtuigingen. Voorzichtig antwoordt Dom Juan slechts: "Ik geloof dat twee en twee vier is, Sganarelle, en dat vier en vier acht is."

Scène 2

Verdwaald in het bos vragen de twee mannen de weg aan een bedelaar die leeft van liefdadigheid. Dom Juan biedt hem een goudstuk aan, op voorwaarde dat hij zweert tegen God. De bedelaar weigert.

Scène 3

Wanneer hij een man door drie anderen ziet aangevallen, schiet Dom Juan, in naam van zijn aristocratisch ideaal, hem te hulp. Het is Carlos, Elvira's broer, die op zoek is naar Dom Juan om hem te laten boeten voor de belediging van zijn zus.

Scène 4

Dom Alonse, Elvira's andere broer, arriveert en herkent Dom Juan. Hij wil hem vermoorden, maar Dom Carlos weerhoudt hem daarvan in naam van dezelfde erecode, omdat Dom Juan zojuist zijn leven heeft gered: hij stelt voor dat ze hun wraak uitstellen.

Scène 5

Dom Juan en Sganarelle stuiten op een mausoleum en het standbeeld van de commandant, die Dom Juan net heeft gedood. Uit onnozelheid nodigt hij de commandant uit voor een diner. Het standbeeld antwoordt positief door zijn hoofd te laten zakken.

AKTE IV

Scène 1

Sganarelle twijfelt er niet aan dat "de hemel, [...] dit wonder heeft verricht" om zijn meester tot inkeer te brengen.

Scène 2

Mr. Dimanche, één van Dom Juan's schuldeisers, wordt aangekondigd.

Scène 3

Dankzij zijn beleefdheden slaagt Dom Juan erin zijn schuldeiser weg te sturen met niet meer dan een paar woorden.

Scène 4

Dan herinnert Dom Louis, de vader van Dom Juan, moe van het gedrag van zijn zoon, hem aan wat hij aan zijn aristocratische afkomst te danken heeft, en dat "geboorte niets is zonder deugd". Dom Juan antwoordt met een laatste brutale opmerking.

Scène 5

Sganarelle, die de houding van de zoon tegenover zijn vader veroordeelt, wordt uit angst gedwongen te zwijgen.

Scène 6

Elvira arriveert, gehuld in de sluier van het klooster waarin ze zich heeft teruggetrokken. De hemel liet in haar hart "slechts een vlam over, gezuiverd van alle commercie der zinnen": ze probeert Dom Juan te redden van een definitieve onboetvaardigheid die zijn verdoemenis zou bezegelen.

Scène 7

Terwijl Elvira "in hem een paar sintels van een gedoofd vuur heeft doen herleven", dineert Dom Juan in gezelschap van zijn bediende. Iemand klopt op de deur. Het is het standbeeld van de commandant.

Scène 8

Het standbeeld zit aan tafel en nodigt Dom Juan uit voor een diner voor de volgende dag.

AKTE V

Scène 1

Dom Juan kondigt aan zijn vader zijn plotselinge bekering aan: "de plotselinge verandering die de Hemel in mij heeft aangebracht zal de hele wereld verbazen".

Scène 2

Maar Dom Juan is eigenlijk nog steeds dezelfde en hij geeft aan zijn bediende toe dat deze plotselinge verandering slechts "een nuttige list" was om zijn vader om te praten en zijn zaken veilig te stellen. Hypocrisie, "een bevoorrechte ondeugd", heeft prachtige voordelen: "het is de ware manier om straffeloos alles te doen wat men wil".

Scène 3

Aan Dom Carlos, die nog een laatste keer komt eisen dat Dom Juan de vrouw aanneemt die hij in de steek heeft gelaten, antwoordt deze dat zijn bekering dit onmogelijk maakt en dat hij "hierover met de Hemel heeft overlegd".

Scène 4

Sganarelle is verontwaardigd: "Meneer, welke stijl neemt u nu?"

Scène 5

De geest van een gesluierde vrouw verschijnt en nodigt Dom Juan uit zich te bekeren. Maar de libertijn weigert de genade van de Hemel en vertoont alle tekenen van gesterkt zondigen.

Scène 6

Het standbeeld van de commandant verschijnt: Dom Juan voelt een onzichtbaar vuur dat hem verteert, een afgrond opent zich en de aarde slokt hem op. Sganarelle concludeert: "Kijk eens aan, iedereen tevreden met zijn dood! [Niemand is ellendig behalve ik […] Mijn loon! Mijn loon! Mijn loon!"

KARAKTERSTUDIE

DOM JUAN

Dom Juan, die met zijn overweldigende aanwezigheid alles domineert, is uiteindelijk toch verslagen. In dit complexe personage legt Molière verrassende tegenstellingen bloot. Hij wordt voorgesteld als een man van "kwaliteit", behorend tot een grote familie en met enkele eigenschappen die met zijn afkomst samenhangen: elegantie, hoffelijkheid, natuurlijke verleiding, kunstig taalgebruik, ridderlijke moed. Maar alles wat hij laaghartig doet staat in contrast met zijn zeer hoge adel.

Zijn opeenvolgende facetten – de libertijnse minnaar (akte I), de atheïst (akte III), de hypocriet (akte V) – zijn het resultaat van een logische progressie: libertinisme in zaken van het hart leidt tot libertinisme in zaken van de ziel, wat leidt tot valse devotie. Zoals Dom Juan niet in de liefde gelooft, gelooft hij niet in God, en zoals de libertijn vrouwen verleidt, misbruikt de hypocriet mannen. Molière is erin geslaagd een crescendo te maken, waardoor zijn personage steeds minder aantrekkelijk wordt voor het publiek, en hypocrisie de ergste ondeugd wordt en de zonde die zal leiden tot zijn eeuwige verdoemenis, zoals Sganarelle uitlegt: "Alles wat je vroeger miste om je arsenaal te perfectioneren was deze hypocrisie!" (Acte V Scène 2). Omdat hij God heeft getart, is het God zelf die hem straft, na hem zijn genade te hebben aangeboden, die hij weigert. De spectaculaire dood van Dom Juan, met donder en bliksem en de zwarte afgrond van de hel, is net als het personage zowel flamboyant als duister, een levende tegenstelling, een barok oxymoron (stijlfiguur die twee tegenstrijdige woorden met elkaar verbindt).

SGANARELLE

Geen theaterkoppel is meer verenigd dan Sganarelle en Dom Juan, die in bijna alle scènes altijd samen zijn. De bediende is gebonden aan zijn meester door noodzaak ("Mijn loon! Mijn loon! Mijn loon!") en door angst: "Bij mij vervult de angst het ambt van ijver". Terwijl het stuk genres door elkaar haalt, is hij tegelijkertijd de traditionele komische bediende, laf, spraakzaam, dol op lekker eten, en een tragische vertrouweling, zoals wanneer Dom Juan hem, schijnheilig, de bodem van zijn ziel laat zien.

Hij is de handlanger van zijn meester, een soort inferieure dubbelganger die zelfs uit gemakzucht en nabootsing op hem lijkt. Even laf als zijn meester dapper is ("Wat? Schurk, ren je weg als ze me aanvallen?", akte III, scène 5), kan hij de strenge logica van zijn meester alleen weerleggen met een verbijsterd zwijgen of een wanordelijk betoog: "Wat een man! Wat een man!" (Acte V Scène 2). Hoewel hij het bestaan van God probeert te bewijzen met het klassieke argument van de laatste oorzaken (de volmaaktheid van de mens beveelt een schepper), noemt hij, wanneer hij zijn meester ondervraagt over diens geloof, de Bogey-Man, een figuur uit het volksbijgeloof. Daarom verweten degenen die het stuk van goddeloosheid beschuldigden Molière dat hij Sganarelle had gekozen als verdediger van de godsdienst.

Molière heeft echter andere verdedigers van religie verspreid door het stuk:

- De bedelaar: geconfronteerd met Dom Juan, die het gezicht van de verleiding is geworden om hem een doodzonde te laten begaan door te zweren, weigert hij: "Ik sterf nog liever van de honger" (Act III Scene 2).
- Dom Louis, Molière's vertegenwoordiger, die hem eraan herinnert dat "geboorte zonder deugd niets is" (At IV Scene 4).
- Donna Elvira

ELVIRA

Dit personage is een creatie van Molière. Dom Juan heeft deze religieuze zuster van adellijke afkomst verleid om haar uit het klooster te krijgen en met haar te trouwen, waarmee hij zich al positioneert als rivaal van God.

Elvira verschijnt een eerste keer als gewonde echtgenote die gerechtigheid eist. Haar ware en unieke liefde contrasteert met de veelvuldige veroveringen van Dom Juan, die niet in staat is lief te hebben en aan wie ze de woorden moet lenen die ze graag had willen horen: "Waarom zweer je niet dat je gevoelens voor mij onverzettelijk zijn, dat je altijd van mij hebt gehouden met dezelfde ongeëvenaarde vurigheid, en dat niets je van mij kan scheiden behalve de dood?"

Deze ware liefde wordt nog zuiverder en wordt "een heilige tederheid". Geraakt door genade verschijnt ze gesluierd in akte IV, met het habijt van het klooster waarnaar ze terug-keert: "Je ziet me heel anders dan vanmorgen". Deze scène is de exacte tegenhanger van de scène waarin Dom Juan ook doet alsof hij geraakt is door goddelijke genade, voordat hij toegeeft dat hij niet veranderd is. Elvira's agape (geestelijke liefde) staat tegenover Dom Juan's Eros (lichamelijke liefde), "een onthechte liefde, die helemaal niet voor zichzelf handelt"; zij komt Dom Juan redden van een laatste zonde die hem naar de verdoemenis zou leiden. Maar niet in staat zich te laten beroeren door de taal van het hart, is hij alleen gevoelig voor de erotiek van Elvira. Zij zal een laatste keer verschijnen in de vorm van een gesluierde geest, de belichaming van genade, die Dom Juan weigert.

ANALYSE

DE MEESTER EN DE BEDIENDE

Een onafscheidelijk paar

Dom Juan, aanwezig in 25 van de 27 scènes, wordt altijd gevolgd door Sganarelle, aanwezig in 26 scènes. De een is voortdurend ondergeschikt aan de ander, zozeer zelfs dat de bediende soms verschijnt als de mindere dubbelganger van zijn meester.

Sganarelle, Dom Juan's handlanger

Uit angst voor een pak slaag wordt Sganarelle gedwongen "te applaudisseren voor wat zijn ziel verafschuwt" (Act I Scène 1). Geconfronteerd met Elvira die een verklaring eist, vraagt Dom Juan zijn bediende om voor hem te antwoorden: "Madame, hier is Sganarelle, die weet waarom ik wegging" (Act I Scène 3). Om aan zijn achtervolgers te ontsnappen, stelt de meester aan zijn bediende voor om van kleren te wisselen: "Gelukkig is de bediende die de eer krijgt om voor zijn meester te sterven" (Act II Scène 5). Net als zijn meester moedigt Sganarelle de bedelaar aan tot godslastering ("Ga je gang, zweer wat, het kan geen kwaad" (Act III Scène 2); net als hij stuurt hij de schuldeiser, de heer Dimanche, weg om zijn schulden niet te betalen.

Sganarelle, Dom Juan's rechter

Gereduceerd tot stilte in aanwezigheid van zijn meester, stort de bediende "zijn hart uit" als hij ver weg is (akte I scène 1), of als hij rustig spreekt. Het publiek krijgt zo, dankzij deze terzijdes, een zwart portret van Dom Juan: "Ah! Wat een afschuwelijke meester ben ik verplicht te dienen!". (Act I Scène 3). Omdat hij in nauw contact leeft met zijn meester, meent Sganarelle hem goed te kennen: "Ik ken mijn Dom Juan als mijn broekzak" (Act I Scène 2). Dom Juan ontsnapt echter aan zijn greep, net zoals hij aan de onze ontsnapt. De bediende kan hooguit enkele van zijn kenmerken schetsen: "Toch is dit slechts een schets van het karakter, en om het portret af te maken zou ik veel verf nodig hebben" (Act I Scène 1). Het portret van Dom Juan blijft dus onvoltooid.

DE COMPLEXITEIT VAN DE MEESTER EN DE EENVOUD VAN DE BEDIENDE...

Psychologische diepte

Omdat hij vooral bedoeld is om een lach te ontlokken, blijft Sganarelle beperkt door de traditionele trekken van de komische bediende. Zijn meester heeft een psychologische diepgang die hem ontbreekt. Geconfronteerd met de gewone moraal van zijn bediende, verkondigt Dom Juan de vrijheid en aristocratische stoutmoedigheid om zichzelf te zijn, waarbij hij zowel God als de maatschappij uitdaagt.

De grote heer

De kwaliteiten – en gebreken – van Dom Juan komen voort uit zijn perceptie van zijn eigen waarde, die hem boven de wetten plaatst, maar ook uit zijn manieren, zijn ridderlijke moed en de elegantie van zijn discours. Het is vooral door zijn taal, zijn wapen om vrouwen te verleiden, dat zijn superioriteit wordt getoond. Door een onverbiddelijke argumentatie vernietigt hij de logica van de valse devotie, terwijl Sganarelle, die probeert het bestaan van God aan te tonen of de hypocrisie van zijn meester te veroordelen, zich slechts kan verzetten tegen onsamenhangende uitroepen: "Hemelen! Hoor ik dit?" (Acte V Scène 2).

De betekenis van het stuk

Welke kant steunt Molière? De critici van het stuk verwijten hem dat hij in Sganarelle een slechte verdediger van de godsdienst heeft gekozen. Deze bewering is waar, net zoals hij laf en bijgelovig is. Betekent dit dat Molière de kant van Dom Juan kiest en zijn libertijnse gedrag heimelijk goedkeurt? Het is moeilijk te bevestigen, want hoewel de libertijn en de atheist een zekere charme hebben, is de religieuze hypocriet ergerlijk; evenzo is de "gentleman" die door zijn wandaden de regels van de beleefdheid negeert, voor de 17de eeuwse mens een "gruwel voor de natuur".

Molière kiest, zoals altijd, de kant van de personages die maat en eerlijkheid vertegenwoordigen: Elvira, de bedelaar, Dom Carlos en Dom Louis, verdedigen beter dan Sganarelle ooit zou kunnen. Het is echter de bediende die vanaf het begin het tragische lot aankondigt dat zijn meester te wachten staat.

DOM JUAN – EEN ANDERE TARTUFFE?

De strijd van Tartuffe en Dom Juan...

Toen *Dom Juan* voor het eerst op de planken werd gebracht, op 15 februari 1665, was *Tartuffe* nog verboden. Omdat Molière een jaar later onder toezicht stond, stopte hij de productie van het stuk na vijftien voorstellingen, ondanks de publieke bijval. Akte V van *Dom Juan* is Molière's antwoord aan zijn tegenstanders, aan wie hij een religieuze hypocriet toont die zijn bedrog onthult, maar die later onverbiddelijk zal worden veroordeeld.

De grote heer en de boer

Terwijl Dom Juan een religieuze hypocriet is "uit puur beleid", is Tartuffe een "boer" zonder middelen, een professionele bedrieger: hij is de figuur van de parasiet. Sensueel, "rond en rood, barstensvol gezondheid en uitstekend gevoed" (Act I Scène 4), heeft hij niet de elegantie van Dom Juan, die, hoewel religieus hypocriet, toch een groot heer blijft. Voor deze laatste is het masker van de hypocriet een andere manier om zijn soevereine vrijheid uit te drukken, "om zijn spel in vrede te spelen met een soevereine straffeloosheid" (Acte V Scène 2).

Verleiden en bedriegen

Toch gebruiken zowel Tartuffe als Dom Juan dit masker om te verleiden. Tartuffe maakt misbruik van de goedgelovigheid van Orgon en mevrouw Pernelle, die bereid zijn hun eigen familie te verloochenen ten gunste van hem. Dom Juan roept de hemel aan om Charlotte te verleiden (Act II Scène 3), en speelt zijn rol zo goed dat Dom Louis gelooft in zijn bekering, evenals Sganarelle: "Ah! Meneer, u bent bekeerd! U bent bekeerd! Ik heb hier heel lang op gewacht, en nu, dankzij de Hemel, zijn al mijn wensen vervuld" (Acte V Scène 2).

HYPOCRISIE, EEN BEVOORRECHTE ONDEUGD

Het deel van de toegewijden

Zowel voor de een als voor de ander is hypocrisie een bevoorrechte ondeugd. In akte V van *Dom Juan rekent* Molière af met degenen die *Tartuffe* lieten verbieden en hem ervan beschuldigden het ware geloof aan te vallen, terwijl hij in werkelijkheid slechts de parodie ervan, de religieuze hypocrisie, aan de kaak stelde. Er is een sprong van Dom Juan's "ik" naar de onpersoonlijke vorm en de tegenwoordige tijd van de algemene waarheden in uitspraken die de zonden van de eeuw beschrijven: "Hypocrisie is een modieuze ondeugd, en alle modieuze ondeugden gaan voor deugden door" (Acte V Scène 2).

De mantel van de religie

In die tijd durfde niemand de toegewijden aan te vallen. Een bedrieger aanklagen was het risico een man van het ware geloof te raken en de heilige mysteries te bezoedelen. Sommige mensen "hebben voor zichzelf een schild gemaakt van de mantel der religie, en […] onder dit respectabele gewaad is het nog steeds toegestaan de slechtste der mensen te zijn" (Acte V Scène 2). Dom Juan wil geen afstand doen van zijn "zoete gewoonten" en Tartuffe nodigt Elmire uit om toe te geven aan zijn avances (Act III Scène 3), waarbij hij de straffeloosheid van de gelovigen als argument gebruikt en uitlegt dat het een garantie is voor geheimhouding: "Mannen van mijn soort hebben echter discreet lief/ en men kan onze terughoudendheid volledig vertrouwen" (Act III Scene 3).

De macht van de cabal

Zo zijn de huichelaars, die zich schuldig weten, allemaal medeplichtig ("Wat één van hen schokt, brengt allen in het geweer", akte VI, scène 2), en steunen zij elkaar, zowel door de wet van het zwijgen, die hun straffeloosheid garandeert, als door het geweld van hun aanvallen. Om niet beoordeeld te worden als wat ze werkelijk zijn, worden ze de rechters van anderen: "Ik zal mezelf opstellen als een censor van anderen, slecht oordelen over iedereen, en een goede mening hebben over niemand dan mezelf" (Acte V Scène 2).

DE ARRESTATIE VAN DE BEDRIEGER EN DE GODDELIJKE BESTRAFFING VAN DE LIBERTIJN

Molière veroordeelt zijn personages

Hoewel het libertinisme van Dom Juan aantrekkelijk kan zijn, wordt hij, net als Tartuffe, weerzinwekkend wanneer hij religie gebruikt om mensen te misbruiken. In *Tartuffe neemt* Molière het zekere voor het onzekere door in een van zijn regieaanwijzingen te zeggen: "Het is een schurk die praat" (Act IV, Scène 5), net zoals hij in *Dom Juan* schrijft: "de hypocriet spelen" (Act V Scène 1). De hele kunst van de huichelaar is het dragen van een masker, Molière zal uiteindelijk zijn personages ontmaskeren om hun ware gezicht aan het publiek te tonen, het diepste van hun ziel, om ervoor te zorgen dat het publiek voortaan ongevoelig zal zijn voor hun charmes.

De uiteindelijke straf

De dimensie van de twee personages wordt afgemeten aan hun straf. Als eerbetoon aan Lodewijk XIV die Molière's toneelstuk steunde, wordt Tartuffe als oplichter gearresteerd door de afgezant van de koning, "voor wie alle schande hatelijk is" (Acte V Scène 7), die in dit stuk de rol van deus ex machina heeft. Dom Juan zal de dood alleen tegemoet zien.

Dom Juan's dood

Het is God zelf die Dom Juan naar de hel stuurt, in een spectaculaire scène waarin de zonachtige figuur, in een gouden kostuum en vlammende linten, een laatste keer wordt verlicht door een verblindend licht: "Donder weerklinkt en grote bliksemschichten omringen Don Juan" (Acte V Scène 6). Het is een *pièce à machines* en in tegenstelling tot het klassieke theater sterft Dom Juan op het toneel. Het is een manier om aan het publiek de kwelling van de verdoemenis over te brengen en "schrik en medelijden" op te wekken, zoals in een tragedie: "O Hemel! Wat voel ik? Een onzichtbaar vuur verbrandt me, ik kan me niet meer bewegen en mijn hele lichaam verandert in een gloeiende kool. Ah!" (Acte V Scène 6). Eerst verbrand door het vuur van de liefde, uiteindelijk sterft hij in het vuur van de hel.

KENMERKEN VAN DE BAROK

De barok ontstond in Italië in de tweede helft van de 16e eeuw, als gevolg van de contrareformatie (de katholieke hervorming die in de 16e eeuw werd geleid tegen de protestantse hervorming). Het woord, dat afkomstig is van het Portugese *barroco*, duidt een onregelmatig bewerkte edelsteen aan, en werd eerst met een negatieve connotatie gebruikt om een estheticisme te veroordelen dat afweek van het klassieke ideaal.

Beweging en vervorming van vormen

De aanhangers van de barok geloven dat alles in beweging is: de mens is een sterfelijk schepsel, wiens gevoelens eeuwig wisselvallig zijn; de tijd vlucht, de natuur verandert voortdurend. Daarom verwerpen zij de lineaire kunst van het classicisme, die een stabiele wereld oproept, ten gunste van de curve en de gebroken lijn, die onevenwichtigheid suggereren.

De poëzie beschrijft de ongrijpbare beweging van het water, de verterende vlam, de vernietigende kracht van de tijd.

Maskers en metamorfoses

Dit gevoel van instabiliteit bracht sommige aanhangers van de barok ertoe het universum zelf te beschouwen als niets anders dan een spel van onduidelijke bespiegelingen. Is het leven een droom? Hoe kunnen we onderscheid maken tussen wat is en wat lijkt te zijn, tussen het gezicht en het masker? In de kunst werd de trompe l'oeil, het decor, de façade, allemaal gericht op het uiterlijk, steeds belangrijker. In het hoftheater en het ballet werden vermommingen en versieringen geliefd.

Ostentatie en overdaad

In een instabiele wereld is de trotse bevestiging van het zelf een manier om te wedijveren met grootheid (God, Natuur), om te vechten tegen datgene wat de mensheid tot slaaf kan maken (burgerlijke, morele of religieuze wetten). Hyperbool, het overdrijven van een idee, is dus de meest geliefde stijlfiguur van de barok en de belichaming van dit verlangen naar overdrijving.

De perceptie van de dood

Hoewel sommige barokke denkers inconsistentie vieren als een manier om de mensheid te bevrijden – deze denkers zijn libertijnen wat betreft geloof en moraal – beschouwen anderen, die diep religieus zijn, deze zwakheid als een herinnering aan de ellende van een mens zonder God. Schilders tonen in "ijdelheden" voorwerpen van menselijke kennis of wereldse glorie naast een schedel, om ons eraan te herinneren dat wij: "memento mori" (Denk eraan dat je zult sterven).

DOM JUAN, EEN BAROK PERSONAGE?

Beweging en vervorming van vormen

Dom Juan is een man van verlangen, en is daarom spontaan en wisselvallig. Om deze voortdurende verandering van plaats en vrouw – want beide zijn met elkaar verbonden – mogelijk te maken, verwerpt Molière de regel van de eenheid van plaats en gebruikt hij hyperbool om een personage te tonen dat te groot is voor de grenzen van onze wereld: "Net als Alexander zou ik willen dat er andere werelden waren, zodat ik erheen kon marcheren en ook daar mijn amoureuze veroveringen kon doen" (Act I Scène 2).

Maskers en metamorfoses

Dom Juan is een proteïsch personage, waarvan de trekken niet meer zichtbaar zijn onder zijn opeenvolgende maskers. In de scène met de bedelaar toont hij beurtelings het zwarte gezicht van de verleider, dan weer het gezicht van de ridder in harnas, wanneer hij een man te hulp schiet die door drie schurken wordt aangevallen. Bovendien moet men in een wereld waar hypocrisie, deze "bevoorrechte ondeugd" die zich voordoet als deugd, triomfeert, een masker dragen "uit puur beleid" en om "te profiteren van de zwakheid van de mensen" (Acte V Scène 2).

Ostentatie en overdaad

De pracht van zijn gouden kostuum, zoals beschreven door Pierrot, toont Dom Juan's liefde voor opzichtige versieringen die gemaakt zijn om te verleiden en te bedriegen. Deze overdaad klinkt door in zijn verlangen naar veroveringen die de beperkte grenzen van onze wereld overschrijden, en in zijn gevoel van superioriteit als groot heer dat hem boven de menselijke wetten plaatst en hem ertoe brengt God uit te dagen: het personage heeft dus bijna bovenmenselijke dimensies, wat heeft bijgedragen tot zijn mythe.

De perceptie van de dood

Angst voor de dood lijkt Dom Juan niet te deren ("niets rammelt mij", akte IV scène 7), noch vreest hij de waarschuwingen van mensen of de tekenen uit de hemel. Maar de dood werpt zijn schaduw over het hele stuk en de uiteindelijke straf wordt vanaf de eerste scène aangekondigd. De dood van het personage is spectaculair geënsceneerd volgens de barokke mode, zowel duister als flamboyant, en vormt een oxymoron, een verbond van tegenstellingen.

DE MYTHE VAN DON JUAN

De oorsprong

Don Juan werd voor het eerst genoemd in *De Bedrieger van Sevilla en de Stenen Gast* (1630), een opvoedkundig werk van een monnik, Tirso de Molina, waarin een groot heer de wetten van God en de mensen tart en sterft in het vuur van de hel. Het stuk kwam vervolgens naar Italië, waar het werd veranderd in een kluchtige komedie, en vervolgens naar Frankrijk, onder de titel *Het feest met het standbeeld*. In 1665 nam Molière het succesvolle toneelstuk over.

Wat is een mythe?

Als uitdrukking van de diepste aspiraties of conflicten van de mensheid wordt een personage een mythe wanneer hij het kader van het werk dat hem geschapen heeft, overstijgt. Na Molière, die dit complexe personage zijn volle maat gaf in een toneelstuk waarin ook het bovennatuurlijke een rol speelt, zou Dom Juan later opnieuw worden gebruikt en verschillend geïnterpreteerd naargelang de periode.

MOLIÈRE'S DOM JUAN

De grote heer

De "grote heer wordt een slecht mens" vertoont alle aristocratische eigenschappen, maar op een afwijkende manier: alleen op zoek naar plezier in de liefde, dapper in duels, hij veracht de mensen en minacht God uit natuurlijke gewoonten van trots en moed, die het gevolg zijn van zijn rang. Terwijl de figuur van Tirso de Molina niet nalaat Gods genade af te smeken als hij daarmee de verdoemenis kan vermijden, weigert de Dom Juan van Molière de bovennatuurlijke tekenen die hem worden toegezonden te zien en te horen: "Nee, niets boezemt mij angst in" (Acte V Scène 5).

De uiteindelijke straf

De straf is gelijk aan de uitdaging die Dom Juan stelt aan God en aan de mensen. Als Molière hem gebruikt om de atheïst, de hypocriet en de grote heer te veroordelen die het lef heeft zich boven de wetten te plaatsen, in een tijdperk dat gehecht is aan de regels van de maatschappij, dan getuigen de plaats die hij hem toekent, de verleidingskracht die hij hem toedicht, van een zekere verborgen fascinatie.

EVOLUTIE VAN HET PERSONAGE

In de 18de eeuw erfden Lovelace in *Clarisse Harlowe* (in 1748 geschreven door Samuel Richardson) en Valmont in *Dangerous Liaisons* (geschreven door Choderlos de Laclos in 1782) enkele trekjes van Dom Juan: maar van de ene eeuw op de andere is de "grote heer een slecht mens" geworden. Hoewel de lichtheid van Mozarts muziek in de Italiaanse opera *Don Giovanni* (1787) een equivalent is van de onstandvastigheid van de libertijn, veroordeelt Da Ponte, auteur van het libretto, het personage door de spectaculaire dood in de finale, net als Molière.

Voor de romantici is Dom Juan een held van de opstand, een man op zoek naar het absolute. Musset schildert hem in zijn gedicht *Namouna* (1831) af als op zoek naar de unieke vrouw door zijn talrijke veroveringen. Baudelaire, in *Dom Juan in de hel* (1857), maakt van hem een trotse figuur van Satan.

Het personage werd in de 20e eeuw opnieuw gebruikt, om het te parodiëren of te heiligen. De dichter Milosz, in *Miguel Mañara* (1912), toont hem geraakt door de genade van Gods oneindige liefde, de enige liefde die hem kan bevredigen. Omgekeerd toont Montherlant in *La Mort qui fait le Trottoir* (1956) de ouderdom van de mythe door een vermoeid karakter van vroegere schoonheid te tonen. Het bovennatuurlijke wordt onderdrukt.

VERDERE REFLECTIE

ENKELE VRAGEN OM OVER NA TE DENKEN...

- Verklaar de titel: *Dom Juan of het feest met het standbeeld.*

- Toon aan in hoeverre de eerste scène van de eerste akte een expositiescène is.

- Verklaar Sganarelle's oordeel over zijn meester: "Maar een groot heer wordt een slecht mens is een verschrikkelijk iets" (Act I Scene 1)

- Kan men zeggen dat Sganarelle de mindere dubbelganger van Dom Juan is?

- Wat waren de verschillende betekenissen van het woord "libertijn" in de 17th eeuw? Hoe belichaamt Dom Juan ze allemaal?

- In het portret dat Dom Juan van zichzelf schildert om zijn onstandvastigheid te rechtvaardigen, vergelijkt hij zichzelf met Alexander de Grote. Leg uit waarom.

- Het stuk van Molière volgt niet de klassieke regel van de drie eenheden (eenheid van plaats, tijd en handeling). Leg uit waarom.

- In hoeverre is het werk van Molière een « pièce à machines »?

- Hoe belangrijk zijn spectaculaire toneeleffecten in Molière's stuk?

- Waarom doet Dom Juan alsof hij een toegewijde is in akte V?

- Hoe behoort Dom Juan tot de barokke esthetiek?

- Leg uit waarom de figuur van Dom Juan een legende is geworden.

VERDER LEZEN

REFERENTIE-UITGAVE

Molière (2006) *Dom Juan.* Parijs: Éditions Larousse.

*We horen graag van jou! Laat
een reactie achter op jouw online bibliotheek
en deel je favoriete boeken op social media!*